오디세우스의 모험 일지

재미만만 그리스 로마 신화 7
오디세우스의 모험 일지

초판 1쇄 발행 2022년 1월 5일 | **초판 5쇄 발행** 2024년 3월 14일
글 김영주 | **그림** 허현경 | **감수** 김길수
발행인 이봉주 | **편집장** 안경숙 | **편집 및 디자인** 구름돌, 정혜란 | **마케팅** 정지운, 박현아, 원숙영, 김지윤, 황지영 | **제작** 신홍섭
펴낸곳 (주)웅진씽크빅 | **주소** 경기도 파주시 회동길 20 (우)10881
문의전화 031)956-7523(편집), 031)956-7569, 7570(마케팅) | **홈페이지** www.wjjunior.co.kr
블로그 blog.naver.com/wj_junior | **페이스북** facebook.com/wjbook | **트위터** @new_wjjr | **인스타그램** @woongjin_junior
출판신고 1980년 3월 29일 제406-2007-00046호 | **제조국** 대한민국

글ⓒ김영주, 2022 | 그림ⓒ허현경, 2022
저작권자와 맺은 특약에 따라 검인을 생략합니다.

웅진주니어는 (주)웅진씽크빅의 유아·아동·청소년 도서 브랜드입니다.
이 책은 저작권법에 따라 보호받는 저작물이므로 무단 전재와 무단 복제를 금지하며,
이 책 내용의 전부 또는 일부를 이용하려면 반드시 저작권자와 ㈜웅진씽크빅의 서면 동의를 받아야 합니다.

ISBN 978-89-01-25513-2 · 978-89-01-25506-4(세트)
＊잘못 만들어진 책은 바꾸어 드립니다.

⚠️주의 1. 책 모서리가 날카로워 다칠 수 있으니 사람을 향해 던지거나 떨어뜨리지 마십시오.
　　　 2. 보관 시 직사광선이나 습기 찬 곳은 피해 주십시오.

일러두기
1. 이 책에 나오는 인명 및 지명 등은 국립국어원에서 펴낸 『표준국어대사전』을 기준으로 삼았습니다.
2. 그 외의 명칭은 외래어 표기법의 규정을 따랐습니다.

오디세우스의 모험 일지

글 김영주 | 그림 허현경

웅진주니어

차례

프롤로그 　　　　　　　　　　　　　　　6

1. 키코네스족과 로토파고스족 　　　　　11

2. 외눈박이 거인족 키클롭스 　　　　　　19

3. 바람의 신 아이올로스와 라이스트리곤족 　32

4. 아이아이아섬의 마녀 키르케 　　　　　42

5. 죽은 자들의 땅, 저승 　　　　　　　　52

6. 괴물 세이렌, 스킬라, 카립디스 　　　　58

7. 태양신 헬리오스와 님프 칼립소 　　　　66

8. 파이아케스족 　　　　　　　　　　　　80

9. 드디어 고향 이타카! 　　　　　　　　　87

에필로그 　　　　　　　　　　　　　　104

계보에서 찾아라! 　　　　　　　　　　106

프롤로그

후손들에게

트로이 전쟁에서 드디어 그리스군이 승리했다. 10년 동안이나 질질 끌던 전쟁에서 승리한 건 모두 나, 이타카의 왕 오디세우스 덕분이다. 커다란 목마를 만들어서 그 안에 병사들을 숨기자고 꾀를 낸 게 바로 나였으니까.

트로이 사람들은 우리 그리스 병사들이 목마 안에 숨어 있는 줄도 모르고 신이 나서 목마를 성안에 들여다 놓았다. 그러고는 오랜만에 찾아온 평화를 기뻐하며 밤늦도록 먹고 마시다 잠이 들어 버렸다. 우리 그리스 병사들은 적들이 잠든 사이 목마 밖으로 나가 트로이성을 잿더미로 만들었다.

이타카섬은 그리스반도의 서쪽에 있어 에게해를 건너고도 한참을 더 가야 했다. 아내 페넬로페와 아들 텔레마코스를 두고 떠나올 때가 생각났다. 가족들과 헤어지는 게 싫어서 미친 척까지 했는데, 승리를 거머쥐고 고향으로 돌아가다니 참 감개무량했다. 백성들이 나를 잊지 않았을까 걱정도 되었다.

 그리스 검은 함대와 헤어진 우리 배 열두 척은 고향 이타카 섬으로 방향을 틀었다. 나처럼 똑똑한 사람이 없어서 그리스로 돌아가기까지 검은 함대도 고생 좀 했다고 들었다.
 나는 고향으로 돌아가는 동안 꼬박꼬박 모험 일지를 썼다. 이 일지는 고향 이타카에 도착하기까지 머나먼 뱃길에서 겪은 이야기이다. 이걸 남겨서 아들 텔레마코스뿐 아니라, 후손들에게 대대손손 가보로 간직하게 하려고 말이다. 덤으로 지도까지!
 자, 이제부터 나 오디세우스의 흥미진진한 모험 일지를 읽어 보렴.

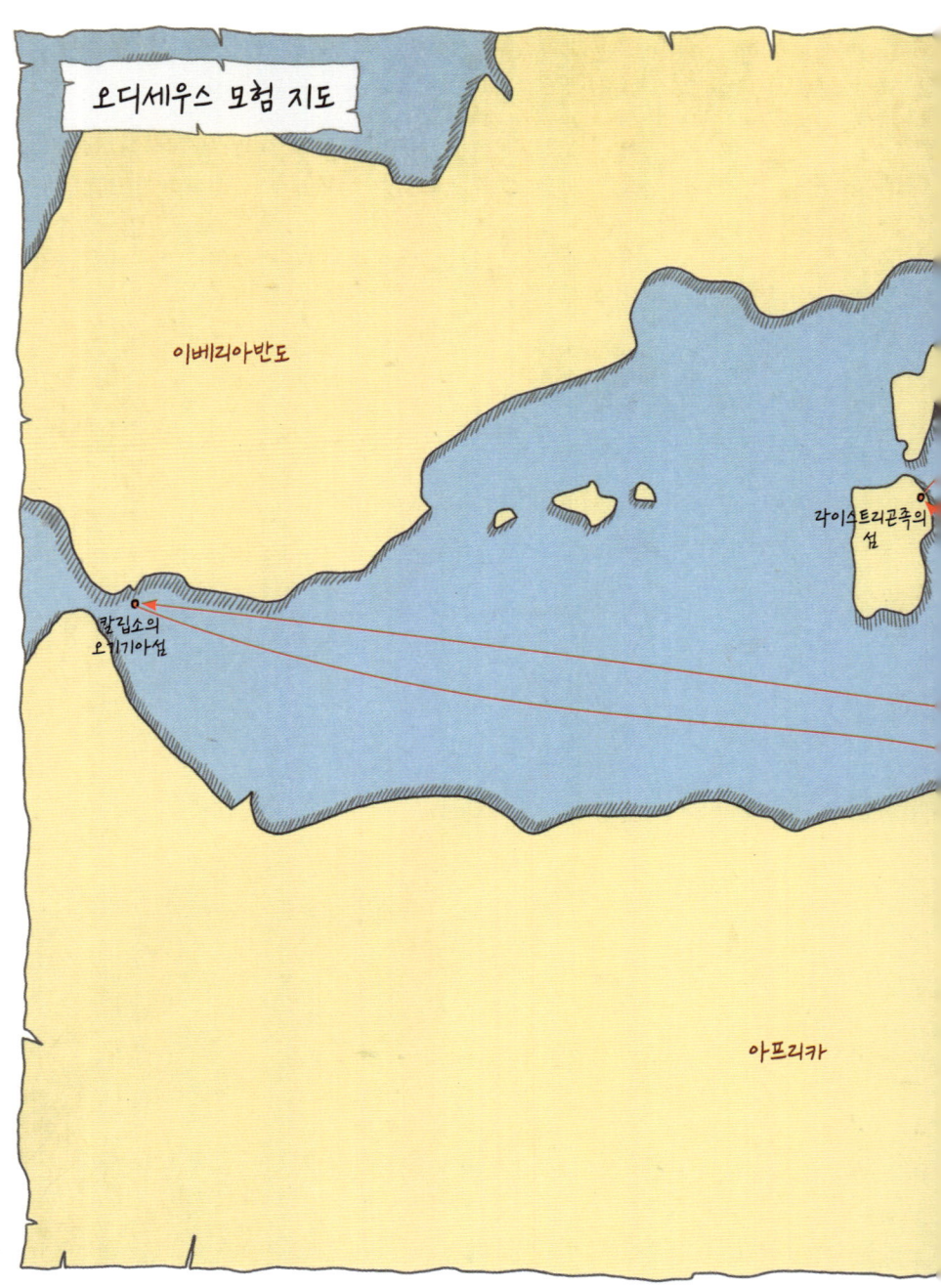

1. 키코네스족과 로토파고스족

항해 7일째, 이제 시작인데……

우리는 승리에 취해 며칠 동안 배에서 먹고 마셨다. 기나긴 전쟁에서 그리스가 승리했으니, 나와 부하들은 충분히 누릴 자격이 있었다. 게다가 10년 만에 고향으로 돌아가는 길이었으므로, 그 기쁨이 오죽했겠나. 흥분한 부하들이 크고 작은 소동도 부렸지만, 그쯤이야 하면서 이해하고 넘어갔다.

고향 이타카섬으로 돌아가는 길은 순조롭기만 했다. 이 몸이 누군가. 트로이 전쟁의 영웅 위대한 오디세우스 아닌가. 바다의 신 포세이돈이 지켜 주시는 게 당연하다고 생각했다.

동남풍이 불어 항로에서 조금 벗어나 트라케 해안에 다다랐지만, 여행에 필요한 물과 식량을 구하면 될 터. 오랜만에 사람들이 사는 곳에 다다르니 모두 기분이 들떴다. 그런데 부하 하나가 말하길, 여기 사는 키코네스 사람들이 트로이 편에 서서 싸웠다는 거다. 우리는 배에서 내리자마자 트로이 편을 든 키코네스 사람들을 위협했다. 그러자 키코네스 사람들은 벌벌 떨면서 금이며 은그릇이며 포도주까지 알아서 가져다주었다.

나는 부하들과 바닷가에서 밤새도록 흥청망청 즐기다 잠이 들어 버렸다. 승리에 취해 그만 방심했던 거다. 아, 내 실수였다! 그냥 배를 타고 떠날걸. 아니면 적어도 배에 올라서 먹고 마셔야 했다.

새벽녘에 키코네스 사람들이 비겁하게도 우리가 잠든 틈을 타 공격해 왔다. 갑작스러운 공격에 당황한 우리는 싸워 보지도 못하고 도망칠 수밖에 없었다. 가까스로 배에 타고 보니, 자그마치 70명이 넘는 부하들이 목숨을 잃었다.

바닷가에 머물면 위험할 것 같다고 조언한 경험 많은 늙은 노잡이의 말을 들을걸. 그랬다면 키코네스 사람들에게 기습을 당하는 일 따위는 없었을 텐데.

이제 시작인데……. 바닷가에 흩어져 있는 부하들의 시신도 거두지 못했다. 신들은 나 같은 영웅에게 어째서 이런 일을 허락하신 걸까. 신들이 원망스러울 뿐이었다.

🪶 항해 25일째, 과연 고향에 무사히 도착할 수 있을까?

신들이 나, 오디세우스에게 화가 나신 걸까? 9일 동안 무시무시한 폭풍우가 거세게 휘몰아쳤다. 항해라면 이골이 난 우리 뱃사람들도 미친 듯이 휘몰아치는 폭풍우에는 속수무책으로 당할 수밖에 없었다.

배가 어찌나 흔들리던지 물 한 모금 제대로 마실 수가 없었다. 부하들은 여기저기서 토하고 선실에 쓰러져 이리저리 뒹굴며 고통스러워했다. 자기 자리를 지키라고 부하들을 다그쳤지만, 어쩔 수가 없었다.

　열흘째 되던 날, 드디어 폭풍우가 그쳤다. 다시 평온해진 바다를 보며 부하들은 기뻐서 날뛰었다. 이제 운이 트이려는지 눈앞에 아름다운 초록빛 섬까지 나타났다. 우리는 열흘 만에 안도의 숨을 내쉬었다.

　"저기 수평선을 봐! 섬이다, 섬!"
　"신들이 다시 우리를 도우시려나 봐, 만세!"

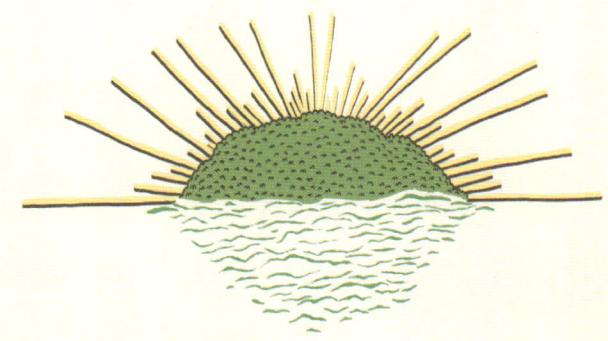

나는 초록빛 섬의 해안에 배 열두 척의 닻을 내리게 했다. 오랫동안 폭풍우에 시달리며 굶주렸더니 기운이 없어서 죽을 것 같았지만, 대장인 내가 부하들 앞에서 힘든 티를 낼 수는 없었다.

"너희는 일단 물부터 구해 오도록!"

내 명령을 받은 부하들은 배에서 내려 가까운 숲으로 들어가더니 물통을 가득 채워 왔다. 아, 며칠 만에 마시는 물인가. 신선한 물 덕분인지 나는 머리가 잘 돌아가기 시작하면서, 키코네스 사람들에게 당했던 쓰라린 경험이 떠올랐다.

이래 봬도 꾀주머니란 별명을 가진 나 아닌가. 또다시 실수를 되풀이할 수는 없었다. 트라케에서는 왜 그런 실수를 저질렀는지! 섬에 오르기 전 일단 이 섬이 어떤 곳인지 살필 정찰병을 보내기로 했다.

그런데 며칠이 지나도록 정찰을 나간 부하 셋이 깜깜무소식이었다. 나는 무장한 부하 몇 명을 데리고 직접 정찰병들을 찾으러 나섰다. 그런데 이게 무슨 일이람? 부하들을 용케 찾긴 했는데 눈이 풀린 게 죄다 제정신이 아니었다. 섬사람들 사이에 섞여서 뭐가 그리 좋은지 실실 웃으며, 대장인 나를 알아보지도 못했다.

이곳은 로토파고스란 사람들이 사는 섬인데, 알고 보니 그들이 대접한 로토스라는 열매가 문제였다. 로토스를 먹으면 세상 모든 걱정을 잊고 마냥 행복해져서, 아무것도 하고 싶지 않게 되어 버린다는 거였다.

부하 셋에게 정신 좀 차리라고 소리쳤지만 아무 소용 없었다. 부하들은 고향이고 뭐고 돌아가지 않겠다며 막무가내로 버텼다. 마음 같아서는 확 버려두고 가고 싶었지만, 지난 10년 동안 생사고락을 같이한 부하들 아닌가. 울고불고 난리를 치는 부하 셋을 끌고 가까스로 배로 돌아왔다.

"안 되겠다! 저 녀석들을 당장 밧줄로 꽁꽁 묶어라!"

발버둥 치는 부하 셋을 돛대에 꽁꽁 묶게 하고, 나는 서둘러 배를 띄웠다.

고향 이타카에 과연 무사히 도착할 수 있을지 걱정이 되어서 잠이 오질 않는다. 나, 오디세우스가 걱정이라는 걸 하게 되다니!

2. 외눈박이 거인족 키클롭스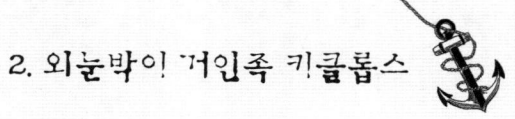

🪶 항해 47일째, 다 내 탓인 것만 같았다

우리는 하얀 파도 거품을 일으키며 몇 날 며칠 노를 저어 나아갔다. 방향 감각마저 잃어서 어디가 어딘지 알 수 없어 걱정될 무렵, 험한 바위섬 하나를 발견했다.

"오늘은 여기에 닻을 내린다!"

며칠 동안 또다시 폭풍우를 만나고 꽤 험난한 바다를 거쳐 왔기에 나와 부하들은 휴식이 필요했다. 나는 남은 물과 식량으로 지친 부하들을 푹 쉬게 하고, 이번에는 내가 직접 섬을 둘러보려고 열두 명의 부하를 선발했다.

지난번 일도 있으니 혹시 가지 않겠다고 서로 미룰지 알았는데, 나를 따라나서겠다는 부하들이 많아서 뽑느라 좀 힘들었다. 섬에서 우리를 반기는 누군가를 만나면 선물하려고 포도주 자루도 챙겼다.

"대장이 나서니 식량을 많이 구해 오겠죠? 잔치할 준비를 하고 기다리겠습니다!"

부하들은 떠나는 내 뒷모습을 보면서 크게 소리쳤다.

열두 명의 부하들과 가파른 바윗길을 오르다 보니 커다란 동굴이 나타났다. 동굴 입구에는 월계수 가지가 늘어져 있고, 그 주위에는 돌을 쌓아 만든 가축우리가 있었다. 우리 안에는 새끼 양과 새끼 염소가 가득 있었다.

나와 부하들은 동굴 안을 살피면서 조심스럽게 들어갔다. 동굴 안에는 치즈와 우유가 담긴 통이 있었다. 부하들은 신이 나서 치즈와 우유를 챙겼다.

"대장, 식량을 챙겼으니 빨리 배로 돌아가는 게 좋겠어요!"

부하들은 배로 돌아가자 채근했지만 나는 생각이 달랐다. 호기심 많은 나, 오디세우스는 동굴 주인이 누구인지 궁금해서 견딜 수가 없었다. 그래서 부하들의 말을 못 들은 척하고 해가 질 때까지 동굴에 있자고 했다.

내 뜻이 그렇다는데 별수 없지 않은가. 우리는 커다란 돌 뒤에 숨어서 동굴 주인이 오기를 기다렸다. 날이 저물자, 동굴 입구의 가축우리에서 어린 가축들이 불안하게 울어 대기 시작했다.

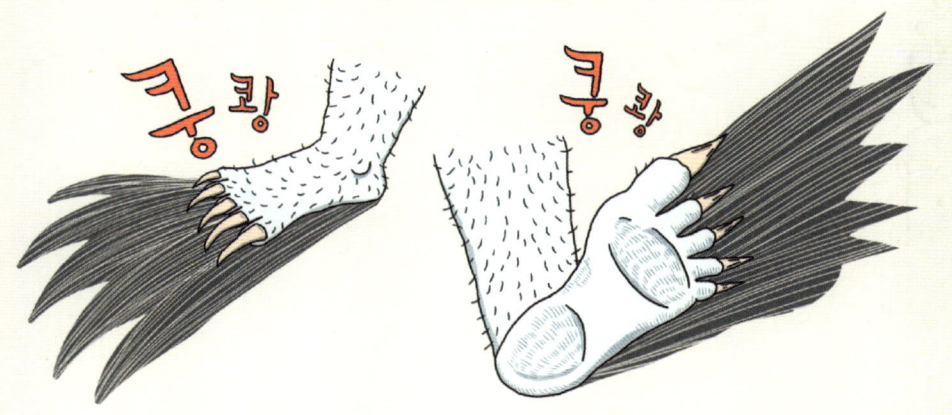

그러더니 커다란 발자국 소리에 동굴 안에 숨은 우리 몸이 흔들리기 시작했다. 그것도 잠시, 험악하게 생긴 거인이 동굴 안으로 들어서지 뭔가.

키클롭스는 모닥불을 피우더니, 동굴 입구에 있던 가축들을 모두 안으로 들이고 커다란 바위를 굴려 동굴 입구를 막아 버렸다. 그런데 잠시 뒤, 모닥불이 불타오르며 일렁거리자, 우리 그림자가 동굴 벽에 비치는 바람에 키클롭스의 눈에 띄고 말았다.

이렇게 된 바에, 나는 키클롭스 앞으로 성큼 나가서 배짱으로 말했다.

"우리는 트로이 전쟁에서 승리하고 고향으로 돌아가는 그리스 병사요. 제우스 신이 기뻐하도록 지친 나그네들에게 호의를 베풀어 주겠소?"

"웃기는 소리! 나는 포세이돈 신의 아들인 폴리페모스다. 힘센 우리는 제우스 신 따위는 관심 없다. 나는 내 아버지 포세이돈 말고는 모두 우습게 생각한다."

그런데 이런! 내가 최대한 공손하게 부탁했건만, 폴리페모스가 갑자기 부하 둘을 낚아채더니 한입에 넣고 우두둑 먹어 버리는 게 아닌가. 눈 깜짝할 새 일어난 일이었다.

빨리 배로 돌아가자는 부하들의 말을 들을걸. 다 내 탓인 것만 같았다. 부하 둘을 잡아먹은 폴리페모스는 배가 부른지 코까지 골면서 잠이 들었다.

"대장! 동료들 원수를 갚아야지요?"

부하들의 말에 나는 손에 칼을 쥐고 폴리페모스를 향해 덤벼들었다. 그러고는 폴리페모스의 갈비뼈 사이에 칼을 꽂으려는 순간, 새로운 사실을 깨닫고는 멈추었다.

그렇다. 지금 저 괴물을 죽이면 동굴 입구를 막고 있는 커다란 바위를 치울 방법이 없다!

분노가 치민 순간에도 앞일까지 생각하다니! 까딱했다가는 동굴에 갇힐 뻔했는데 흥분해 이성을 잃지 않아서 다행이었다. 그런데 문제는 동굴을 어떻게 빠져나간다는 말인가. 머리를 굴려도 아무 생각이 떠오르지 않아 뜬눈으로 꼬박 밤을 새웠다.

🪶 항해 48일째, 바로 지금이다! 작전 개시!

아침이 밝았다. 지금처럼 날이 밝지 않기를 바라던 날이 있었던지. 폴리페모스는 일어나자마자 또다시 부하 둘을 잡아먹더니, 태연하게 양젖을 짜고는 가축들을 몰고 동굴 밖으로 나갔다. 물론 커다란 바위를 굴려서 동굴 입구를 막아 두는 것도 잊지 않았다.

이대로 있다가는 모두 괴물의 먹이가 될 터. 뾰족한 생각이 떠오르지 않아 동굴 안을 초조하게 왔다 갔다 서성이는데, 폴리페모스가 놓고 나간 올리브나무 지팡이가 눈에 띄었다. 나는 올리브나무 지팡이를 써서 복수하기로 했다.

작전 계획

1단계

올리브나무 지팡이를 다듬은 다음, 끝을 뾰족하고 날카롭게 깎는다.

폴리페모스를 공격하기 전에 지팡이 끝을 모닥불에 빨갛게 구워 무기로 만든다.

강력한 무기 완성!

2단계

배에서 가지고 온 포도주를 폴리페모스의 옻나무 그릇에 가득 부어 준다.

폴리페모스 취하게 만들기!

3단계

폴리페모스가 취해서 잠들면 강력한 무기로 외눈을 공격한다.

폴리페모스가 앞을 못 보게 만들기!

앞을 못 보는 폴리페모스가 동굴 입구의 커다란 바위를 치울 때까지 기다리는 거다!

어제처럼 날이 저물자, 폴리페모스가 가축들을 몰고 동굴로 들어왔다. 그러고는 커다란 바위를 굴려 동굴 입구를 막더니 또다시 부하 둘을 잡아먹어 버렸다. 나는 폴리페모스에게 공손하게 말을 걸었다.

"고기를 드셨으니 입가심으로 이 포도주가 개운할 겁니다."

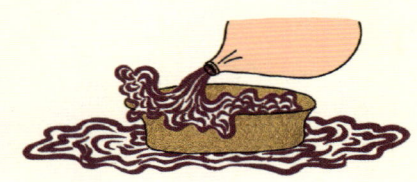

역시, 멍청한 폴리페모스! 내 속셈을 눈치채지 못하고 포도주를 벌컥벌컥 마시더니 한 잔 더 달라는 거다. 포도주를 마시고 거나하게 취해서 기분이 좋아진 폴리페모스는 내 이름을 알려 달라고 했다. 자기도 선물을 주고 싶다나 뭐라나.

"내 이름은 우티스요."

'우티스'라는 말은 '아무도 아닌 사람'이라는 뜻! 나는 꾀를 내어 대답했다. 그러자 폴리페모스는 큰 소리로 웃음을 터뜨리며 말했다.

"너를 가장 나중에 먹는 거, 그게 바로 내 선물이다."

술에 취한 폴리페모스는 그대로 널브러지더니 잠들어 버렸다.

"바로 지금이다! 작전 개시!"

나와 부하들은 그림자처럼 움직이며 계획한 대로 행동에 나섰다. 숨겨 둔 지팡이를 꺼내 모닥불에 빨갛게 구운 다음, 부하들과 힘을 합쳐 지팡이를 들고 달려가 폴리페모스의 외눈을 공격했다.

이제 동굴을 무사히 빠져나가는 일만 남았다. 한동안 날뛰던 폴리페모스는 고통스러운지 동굴 입구를 막은 커다란 바위를 치우고는 찬 바람을 쐬었다. 그런데 이런, 폴리페모스는 그 와중에도 우리가 빠져나가지 못하도록 동굴 입구를 막고 주저앉았다. 멍청한 줄만 알았더니 이렇게나 약빠르다니!

부하들은 투덜거렸지만 내가 누군가. 트로이 목마도 생각해 낸 여우처럼 꾀 많은 몸이라고. 동굴 안을 둘러보던 나에게 퍼뜩 좋은 생각이 떠올랐다.

나는 부하들에게 덩치가 큰 숫양을 세 마리씩 묶게 하고, 묶은 양들의 배에 부하들을 한 명씩 매달았다. 그러고는 동이 터 올 때까지 끈기 있게 기다렸다.

 아침이 밝자, 폴리페모스가 커다란 바위를 치우고는 가축들을 동굴 입구로 몰았다. 그러더니 가축들의 등을 하나하나 쓰다듬어 확인했다. 물론 옆구리까지 샅샅이 더듬어 보는 것도 잊지 않았다. 약빠른 폴리페모스가 그렇게 머리를 쓸 줄 알았다. 폴리페모스는 우리가 숫양들의 배 밑에 매달려 있을 줄은 꿈에도 몰랐을 거다. 우리는 숫양들의 배 밑에 매달려서 무사히 동굴을 빠져나왔다. 해안에 무사히 도착한 나와 부하들은 양들을 재빨리 배에 실었다.

무지막지한 괴물 폴리페모스를 멋지게 속여 넘겨서 기분이 들뜬 나는, 절벽 위에 비틀거리며 서 있는 폴리페모스를 향해 양 울음소리를 내며 놀리기 시작했다.

"내 이름은 오디세우스다. 이타카의 왕이자 트로이의 정복자!"

이름을 밝히고 나니 속이 다 시원했다. 폴리페모스는 내 말을 듣고 더 화가 나서 바다를 향해 소리쳤다.

그러더니 폴리페모스가 커다란 바위를 우리 배 열두 척이 있는 쪽으로 던졌다. 바다에 떨어진 바위는 거센 물결을 일으켜 우리 배 열두 척이 바다로 더 쉽게 나아갈 수 있게 만들었다.

 먼바다로 나간 뒤에야 나는 부하들에게 이젠 위험한 일은 없을 거라고 큰소리쳤다. 부하들의 희생은 가슴 아팠지만, 어쩔 수 없는 운명이려니 하고 받아들이기로 했다.
 트로이 전쟁의 영웅 나, 오디세우스에게 폴리페모스의 저주 따윈 문제도 아니지.

3. 바람의 신 아이올로스와 라이스트리곤족

✒ 항해 70일째, 이렇듯 융숭한 대접을 해 주다니!

우리는 여러 날을 바다에서 떠돌았다. 부하들이 사소한 말썽을 일으키는 등 배 위에서의 생활이 넌더리 날 즈음, 돛대 위에 올라가 앞을 살피던 부하가 소리쳤다.

"섬이다!"

그 섬은 아이올리아섬인데 바람의 신 아이올로스가 다스리는 왕국이었다.

"바람의 신이 우리를 반가워할까요?"

"글쎄, 가 보면 알겠지."

나 오디세우스, 여러 가지 일을 겪었더니 다소 의기소침해졌다. 바람의 신 아이올로스가 우리를 푸대접할까 봐 걱정했는데, 다행히도 반갑게 맞아 주었다. 이렇듯 융숭한 대접을 해 주다니!

나는 이야기를 좋아하는 아이올로스 신에게 트로이 전쟁에서의 승리와 그간 바다에서 겪었던 모험담을 들려주었다. 아이올로스 신은 내 모험담이 마음에 들었는지, 우리가 떠날 때 항해에 도움이 되라고 가죽 자루 하나를 선물했다.

🪶 항해 125일째, 대책 없는 호기심은 누굴 닮은 거래?

아이올리아섬을 떠난 지 꼬박 9일 밤과 9일 낮이 지났다. 우리는 가죽 자루에 힘입어 순풍을 맞으며 질주했다. 이번처럼 항해가 순조로울 때가 있던가 싶었다. 바람의 신이 서풍만을 남겨 둔 덕분이었다. 바꾸어 말하면 아이올로스 신이 나, 오디세우스를 무척 마음에 들어 한 덕분이란 말씀!

부하들은 노도 젓지 않고 배 위에서 편하게 지냈다. 해야 할 일은 그저 배가 제대로 가도록 방향키를 잡는 것뿐. 나는 곧 고향 땅을 밟는다는 생각에 잠도 오지 않았다. 열흘째 되던 날이었다. 돛대 위에 올라간 부하가 소리쳤다.

"대장, 아주 멀리 이타카섬이 개미처럼 보입니다! 이제 얼마 안 있으면 드디어 고향에 도착합니다!"

부하의 말을 듣고 꿈인지 생시인지 믿기지 않았다.

'꿈에도 그리던 이타카라고! 아내 페넬로페는 얼마나 애를 태우고 있을까? 아들 텔레마코스는 얼마나 자랐을까?'

그런데 아뿔싸! 나는 긴장이 풀려서 치명적인 실수를 저지르고 말았다. 부하들을 믿고 잠깐 잠을 청한 것이다.

"잠깐 눈을 좀 붙이마!"

"이런 바보 같은 놈들! 도대체 무슨 짓을 한 거냐?"

배를 사정없이 흔드는 돌풍 때문에 잠에서 깬 나는 부하들에게 소리쳤다.

나는 부하들의 배신에 고통스러웠다. 엄하게 벌을 내리고 싶었지만, 그래도 생사고락을 함께한 부하들 아닌가. 내가 누군가? 의리 하면 또 나, 오디세우스!

자루를 열어 보면 왜 안 되는지 미리 알려 줄걸. 대책 없는 호기심은 누굴 닮은 거래? 우리 배 열두 척은 고향 이타카를 코앞에 두고도 안타깝게 멀어져 갔다. 그러고는 며칠 동안 바다에서 이리저리 떠돌다가, 다시 아이올리아섬으로 돌아가고 말았다.

"대장! 어떡해요. 다시 아이올리아섬이에요!"

내 마지막 희망은 무참히도 산산조각이 나고 말았다. 나는 눈물을 삼키며 아이올리아섬을 떠났는데, 엎친 데 덮친 격으로 바람 한 점이 불지 않았다. 바람의 신 아이올로스가 무슨 심술을 부린 게 분명했다. 그래도 그렇지, 도와주지는 못할망정 고향 이타카를 코앞에 두고 돌아온 우리에게 재를 뿌리다니!

부하들이 밤낮으로 쉬지 않고 노를 저었지만 가도 가도 섬 하나 보이지 않았다. 아, 분명 페넬로페와 텔레마코스가 내가 탄 배를 봤을 텐데……. 아내와 아들 생각에 가슴이 갈가리 찢어졌다. 과연 우리의 앞날은 어떻게 될까? 또다시 며칠째 계속되는 폭풍우 속에서 뱃멀미보다 더 무서운 악몽에 시달렸다.

✒ 항해 140일째, 이제 남은 배는 오직 하나

몇 날 며칠 힘겹게 노를 젓다 보니 드디어 바람이 잦아들고 풍경이 아름다운 섬이 나타났다. 역시, 용기를 가진 사람에게는 길이 보이는 법. 어험, 신의 노여움을 산 자라니! 다시 생각해도 바람의 신 아이올로스가 한 말이 생각나 분했다.

섬 입구 양쪽은 절벽으로 둘러싸여 배를 대기에 안전해 보였다. 나는 배 열한 척에 해안으로 들어가 닻을 내리라고 명령했다. 하지만 내가 탄 배는 바깥쪽 바다에 머물게 했다.

"대장! 왜 우리만 여기 있어야 합니까?"

내가 탄 배에서 부하들이 불만을 터뜨렸지만 못 들은 척 얼버무렸다. 하지만 이유는 따로 있었다. 불만을 터뜨린 부하들은 바람의 신이 선물로 준 가죽 자루를 열어 버린 녀석들. 그 부하들이 또다시 말썽을 부릴까 봐 미리 조심한 거였다. 돌다리도 두들겨 보고 건너라 하지 않았던가.

나는 바닷가에 닻을 내린 배에서 정찰병 셋을 섬으로 보내 어떤 섬인지 살펴보라고 명령했다. 내가 누군가! 꾀주머니 오디세우스, 뼈아픈 경험을 교훈 삼은 행동이었다. 정찰병들은 주위를 두리번거리며 조심스럽게 섬 안쪽으로 들어갔다.

"대장, 어서요! 저기 보세요!"

갑자기 부하들의 다급한 목소리가 들려서 섬을 바라보니, 잔뜩 겁에 질려 허겁지겁 바닷가로 달려오는 부하들이 보였다.

그런데 이럴 수가! 부하들 뒤로 덩치가 어마어마하게 큰 거인들이 뒤쫓아 오고 있는 게 아닌가. 이런, 여기도 이상한 섬이었다.

"모든 배에 명령한다! 전속력으로 노를 저어라! 빨리 해안을 빠져나온다!"

하지만 모든 일은 순식간에 일어나고 말았다. 거인들이 섬 입구의 절벽 위에서 우리 배 열한 척을 향해 커다란 바위를 마구 던지기 시작했다. 부하들이 젖 먹던 힘까지 내서 있는 힘껏 노를 저었지만, 결과는 허무했다.

해안은 우리 배 열한 척의 부서진 잔해로 처참했다. 이제 남은 배는 오직 하나, 내가 탄 배만 남았다.

오늘 눈앞에 벌어진 일이 꿈이라면! 믿을 수가 없었다. 아, 내가 눈을 멀게 하고 조롱했던 포세이돈 신의 아들 폴리페모스의 저주가 떠올랐다. 또 나더러 신의 노여움을 산 게 분명하다고 말하던 바람의 신 아이올로스의 말까지 겹쳐졌다.

나 오디세우스, 진정 신의 노여움을 샀단 말인가? 이 모든 게 경솔하고 두려움을 몰랐던 내 탓은 아닐까. 나는 후회와 뉘우침에 휩싸여 드넓은 바다에서 방향을 잃고 말았다.

4. 아이아이아이아섬의 마녀 키르케

🪶 항해 185일째, 너희가 살 곳은 저 돼지우리야!

수많은 동료를 잃고 우리만 살아남았다는 죄책감이 마음을 눌렀다. 나와 부하들은 깊은 슬픔에 잠겼지만 그리운 고향 이타카에 닿기 전까지는 항해를 멈출 수 없는 터. 물과 식량이 떨어질 때쯤 섬을 발견하고는 울컥 울음이 나올 것만 같았지만, 부하들의 사기를 생각해서라도 약한 모습을 보여서는 안 되었다.

나는 부하들에게 남은 물과 식량을 먹으며 이틀 동안 아무것도 하지 않고 쉬게 했다. 그러다 사흘째 되던 날, 나는 지친 부하들을 대신해 사냥이라도 할까 하고 산에 올랐다가 섬 한가운데 있는 궁전에서 붉은 연기가 피어오르는 것을 보았다.

'일단 사냥을 하자. 부하들을 배불리 먹인 다음 이번에는 정찰대를 보내는 거야.'

나는 운 좋게도 사슴 한 마리를 잡았다. 배불리 먹고 푹 쉰 부하들은 사기가 올랐다. 암, 그 험난한 트로이 전쟁도 함께 겪어 낸 부하들인데.

나는 스물두 명의 부하를 궁전으로 보냈다. 그런데 저녁이 다 되어 돌아온 이는 정찰대장 에우릴로코스뿐이었다. 에우릴로코스는 나를 보자마자 울음을 터트렸다. 한참 뒤에야 울음을 그친 에우릴로코스가 정찰 나갔던 일을 말하기 시작했다.

대, 대장…… 너무, 무…… 무서워요.

이, 있잖아요…… 아, 떨려……

"그래서 저만 겨우 도망친 거예요. 어떻게 여기까지 왔는지 기억도 안 납니다. 너무나 무서웠어요."

"맙소사! 그러게 아무거나 받아먹지 말라니까."

또다시 이런 일이 생기다니! 그래도 부하들을 구해야지 이대로 가만있을 수만은 없는 노릇. 나는 무기를 챙겨서 훌쩍이는 에우릴로코스에게 말했다.

에우릴로코스는 두려움에 사로잡혀 눈물을 흘리며 나에게 매달렸다. 나처럼 영웅으로 태어난 사람이 아니면 두려운 게 당연했다. 에우릴로코스는 겁먹고 발을 뺐지만 나는 과감히 홀로 궁전으로 갔다.

부하들을 구하러 궁전으로 가는 길에 나는 잘생긴 청년과 마주쳤다. '아, 날개 달린 모자?' 신들의 심부름꾼 헤르메스 신이었다. 헤르메스 신은 나, 오디세우스의 모험담을 잘 알고 있다며 내 팔을 다정하게 잡고 말했다.

"키르케는 강력한 마녀야. 위험하니까 가지 않는 게 어때?"

내가 부하들을 구해야 한다며 뜻을 굽히지 않자, 헤르메스 신은 꽃잎이 희고 뿌리가 검은 마법의 식물 몰리를 건네며 말했다.

"키르케가 준 포도주에 이 몰리를 담갔다 마셔. 그러면 키르케의 마법에 걸려 돼지가 되지 않을 거야."

헤르메스 신은 심부름꾼 일이 바쁜지 고맙다는 인사도 하기 전에 홀연히 날아가 버렸다. 헤르메스 신까지 나서서 나를 돕다니! 나는 오래간만에 기가 살아 발걸음도 힘차게 키르케 궁전으로 걸어갔다.

키르케 궁전에 도착하자, 맹수들이 다가와 내 손을 핥아 댔지만 뿌리치고 궁전의 주인을 불렀다. 키르케가 부드러운 미소를 띠며 나를 반겼다. 나는 몰래 몰리를 담갔다 키르케가 권하는 대로 포도주를 마셨다. 그런데 내가 포도주를 마시고도 돼지로 바뀌지 않자, 키르케가 트로이 전쟁의 영웅 나, 오디세우스를 알아보고 애원하는 거였다.

"당신은 트로이에서 고향 이타카로 돌아가는 오디세우스 님? 내 마법이 듣지 않는 걸 보니 신들의 보호를 받고 있군요. 부디 칼을 거두세요. 영웅인 그대와 친구가 되고 싶어요."

"어림없는 소리! 그리 쉽게 넘어갈 거 같으면 내가 오디세우스가 아니라 바보세우스지."

나는 키르케에게 일렀다.

"부하들에게 못된 짓을 하지 않겠다고 신들에게 맹세해요."

"네, 할게요. 당연하지요."

돼지가 된 부하들을 사람으로 되돌려놓으라고도 했다.

"네, 하고말고요."

그렇게 해서 나, 위대한 오디세우스는 부하들을 키르케의 마법에서 구했다.

'암, 나 같은 영웅을 신들이 버리실 리가 없지.'

나는 키르케의 궁전에서 잠시 머물기로 했다. 다시 항해를 하려면 물과 식량도 챙겨야 하고 부하들을 좀 더 쉬게 해야 했으니까. 그런데 에우릴로코스 때문에 애를 좀 먹었다. 여전히 두려움에 사로잡혀서는 한시바삐 떠나자고 하는 게 아닌가.

내가 에우릴로코스에게 화를 내니까 부하들이 말렸다. 두려워하는 사람은 배에 두고 가면 되지 않느냐는 거다. 그랬더니 에우릴로코스가 하얗게 질려서 소리쳤다.

"나도 갈래요! 배에 혼자 남는 게 더 무섭단 말이에요!"

키르케는 우리를 위해 성대한 잔치를 베풀었다. 어서 지친 몸을 회복하고 부하들과 함께 고향으로 돌아가고 싶었다. 페넬로페와 텔레마코스의 얼굴이 자꾸 어른거렸다.

🪶 항해 560일째, 벌써 일 년이라니!

아이아이아섬은 모든 게 풍족했다. 섬에서의 하루하루는 즐겁고 편안했다. 키르케는 우리를 정성껏 보살펴 주었다. 우리는 날마다 먹고 마시며 늘어지게 잠을 잤다.

그러다 보니 어느새 일 년이란 시간이 후딱 흘러갔다. 아이아이아섬은 마법의 섬이라 다른 곳과는 시간의 흐름이 다른 것 같았다.

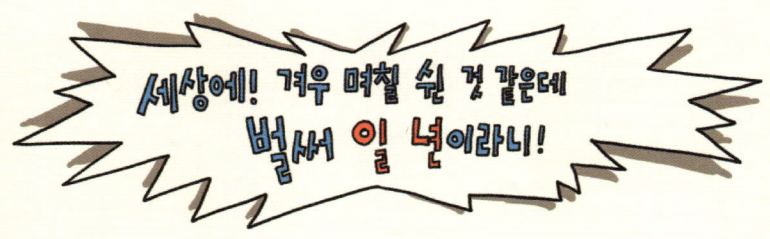

부하들은 서서히 고향 생각이 나는 모양이었다. 나도 고향이 그립기는 마찬가지였다. 그날 밤, 나는 키르케에게 고향으로 떠나고 싶다며 조언을 구했다.

"가야지요. 억지로 붙잡지 않겠어요. 다만 고향으로 떠나기 전에 한 군데 들르는 게 좋겠습니다."

나는 키르케의 말에 어리둥절해서 물었다. 도대체 어디를 들르라는 거냐고. 그랬더니 저승에 가라는 게 아닌가.

'저승에 가라는 건 죽으라는 건데.'

내 낯빛이 창백하게 바뀌자, 키르케가 다시 입을 열었다.

"저승에는 테베의 눈먼 예언자, 테이레시아스 혼령이 있습니다. 그는 저승의 신 하데스의 아내인 페르세포네의 축복을 받아 아직 예언 능력을 잃지 않았습니다."

"내가 왜 그를 만나야 하나요?"

"당신이 고향으로 돌아가는 길에는 아직도 많은 시련이 기다리고 있을 겁니다. 미리 알고 대비하는 것이 좋겠지요."

"살아 있는 사람이 저승에 갔다 무사히 돌아올 수 있나요?"

"안심하세요. 저승에 무사히 갔다 오는 방법을 알려 줄게요."

나는 키르케의 말을 주의 깊게 새겼다. 이제 정말 고향으로 돌아갈 수 있겠구나 하는 희망이 생겼다.

5. 죽은 자들의 땅, 저승

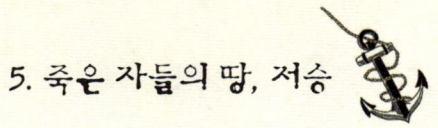

🖋 항해 585일째, 눈먼 예언자 테이레시아스 혼령

며칠 뒤, 나는 부하 몇 명을 데리고 죽은 자들의 땅으로 향했다. 키르케가 보낸 북풍을 타고 북서쪽으로 사흘 밤낮으로 항해한 끝에, 구름과 안개에 뒤덮인 어둡고 쓸쓸한 바닷가에 도착했다. 우리는 바닷가에 배를 대고 걸어서 저승 입구에 다다랐다. 나는 키르케가 알려 준 대로 구덩이를 파고 포도주를 부은 다음 죽은 자들을 위해 기도했다. 그리고 숫양과 암양을 죽여 제물로 바치고는 그 피를 구덩이에 쏟았다. 그러자 하나같이 불길하고 창백한 혼령들이 여기저기서 쉭쉭거리며 몰려들기 시작했다.

나 같은 영웅이라고 혼령이 겁나지 않겠는가? 그래도 대장 체면이 있지, 나는 겨우 정신을 가다듬고 태연한 척 부하들에게 명령을 내렸다.

"어떤 혼령도 구덩이에 접근하지 못하게 해라! 테이레시아스만이 이 피의 주인이다!"

"대장, 혼령들이 너무 많아요. 어떡해요?"

부하들이 겁에 질려 칼을 휘두르며 말했다. 그때 테베의 눈먼 예언자 테이레시아스 혼령이 눈앞에 나타났다.

"제발 피를 마시게 해 주시오."

피를 마신 테이레시아스가 흡족한 표정으로 말했다.

나는 후회막심한 표정으로 테이레시아스에게 물었다.
"그럼 어떻게 하면 좋겠습니까? 무슨 방법은 없겠습니까?"
"항해 도중 태양의 섬이라 불리는 트리나키아에 다다를 거요. 섬에 올라가면 태양신 헬리오스가 기르는 통통하게 살이 오른 소 떼가 있을 건데, 절대 건드려서는 안 되오."
테이레시아스의 말을 듣고 나는 부하들에게 소리쳤다.
"너희도 잘 들었지! 이번에는 절대 안 돼!"
그러자 테이레시아스가 버럭 화를 내면서 말했다.
"어허, 마저 들으시오! 만약 소를 건드리면 오직 그대만 살아서 고향 땅을 밟을 것이오. 게다가 고향에 도착해서도 고난은 끝나지 않을 테고."
테이레시아스는 이타카 궁전에서 페넬로페를 넘보는 자들이 재산을 축내고 있을 거라고 했다. 나는 이를 악물며 다짐했다.
'나쁜 놈들, 나한테 걸리기만 해 봐라. 파리 목숨이다!'
그때였다. 갑자기 유령 하나가 끼어들었는데 놀랍게도 어머니였다. 내가 이타카를 비운 사이 어머니가 돌아가신 거였다. 나는 테이레시아스에게 어떻게 하면 어머니와 이야기를 나눌 수 있는지 물었다.
"나처럼 제물의 피를 마시게 하면 된다오."

테이레시아스와 어머니는 홀연히 사라졌지만 내 주위에는 수많은 혼령이 남아 있었다. 혼령들은 차례차례 다가와 피를 마셨다. 알고 지냈던 혼령들도 몇 있었다. 그리스 연합군의 총사령관이었던 아가멤논도 찾아와서는 피를 마시고 한탄했다. 트로이 전쟁이 끝나고 고향에 돌아가서 죽임을 당했다는 거였다.

"다른 사람도 아니고 아내에게 죽임을 당했다고?"

아가멤논이 사라지자 이번에는 아킬레우스가 나타났다. 전쟁 영웅답게 몇 마디만 건네더니 당당하게 모습을 감추었다.

그들이 사라지고 나서도 수많은 혼령이 오고 갔다. 그중에는 황금빛 지팡이를 든 미노스 왕도 있었고, 거인 사냥꾼 오리온도 있었다. 그리고 끊임없이 커다란 바위를 산 위로 밀어 올리는 시시포스도 있었다. 혼령들이 너무 많이 몰려들면서 주위가 기기묘묘해졌다. 부하들을 돌아보니 표정이 공포 그 자체였다.

　나는 부하들을 데리고 서둘러 저승을 빠져나왔다.
　배로 돌아온 우리는 때마침 불어오는 서풍의 힘을 빌려 무사히 아이아이아섬으로 돌아왔다. 섬으로 돌아온 나와 부하들은 키르케의 극진한 대접을 받고 서서히 저승의 공포에서 벗어났다.
　"언제 떠날 건가요?"
　"한시라도 빨리 떠나고 싶군요."
　키르케는 바다에서 닥칠 위험한 난관을 피할 수 있는 방법도 자세히 알려 주었다. 험험, 다시 생각해도 고마운 여인이었다. 이번에는 절대 실수하지 않을 거라고 다짐했다.

6. 괴물 세이렌, 스킬라, 카립디스

🪶 항해 61일째, 위험천만한 난관을 헤쳐 나오다

　아이아이아섬을 떠나 한동안 순조롭게 항해하던 우리에게 키르케가 알려 준 첫 번째 난관이 다가올 즈음, 나는 부하들을 불러 모았다.
　"우리는 곧 세이렌이라는 괴물을 만나게 될 거다. 세이렌들은 배가 지나갈 때마다 아름다운 노래를 불러 뱃사람을 유혹해서 바다에 빠져 죽게 한다."
　그러자 부하들이 겁에 질린 목소리로 떠들어 대기 시작했다.
　"괴물이라뇨, 대장! 우리가 어떻게 그런 괴물을 당해 내요?"

첫 번째 난관 세이렌

여자 얼굴에 새의 몸을 한 괴물. 아름다운 노랫소리로 뱃사람을 유혹해서 배를 암초에 부딪치게 한 다음, 뱃사람들을 바다에 빠져 죽게 만든다.

"흠, 이번엔 비장의 무기를 준비했으니 나만 믿어 봐."

드디어 첫 번째 난관인 괴물 세이렌들의 바위섬을 지나게 되었다. 그런데 이를 어쩐다지. 그렇게 당하고서도 내 호기심이 문제였다. 세이렌의 노랫소리를 듣고 싶다는 생각이 머리에서 떠나지 않았다. 나는 부하들에게 밧줄로 내 몸을 돛대에다 묶게 하고 키르케가 알려 준 대로 밀랍으로 만든 귀마개를 건넸다.

"너희는 이 비장의 무기로 귀를 막고 세이렌이 사라질 때까지 절대 나를 풀어 주면 안 돼."

"대장, 그럴 리가요! 밧줄을 푸는 일은 절대 없을 겁니다."

부하들은 나를 돛대에 꽉 묶고 귀마개로 귀를 꽉 막았다. 그러고는 죽기 살기로 노를 저었다.

배가 바위섬 가까이 다가가자 과연 세이렌들의 노랫소리가 들리기 시작했다.

나는 부끄럽게도 애걸복걸 바락바락 소리를 지르며 발버둥 쳤다. 부하들에게 세이렌의 노랫소리를 듣고도 살아남을 사람은 나, 오디세우스밖에 없을 거라고 큰소리를 탕탕 쳤는데……. 비장의 무기로 단단히 귀를 막은 부하들은 다행히 노만 저었다.

마침내 세이렌들은 점점 멀어져 갔다.

　나는 부하들에게 창피한 모습을 보여서 부끄러웠다. 내가 그 난리를 쳤는데도 밧줄을 풀지 않은 부하들이 고마웠다. 모두 마음을 합쳐 첫 번째 난관을 무사히 통과한 덕에 우리는 고향에 한 걸음 더 다가가게 되었다.

　사실, 세이렌들과 비교도 할 수 없을 만큼 위험한 두 번째 난관이 기다리고 있을 거라고는 부하들에게 말하지 않았다. 지레 겁을 먹고 두려워서 꼼짝도 못 할 테니까.

　나는 부하들의 사기를 최대한 북돋웠다.

　"모두 수고했어! 세이렌의 마법에서 무사히 벗어났으니 우리는 그 어떤 난관도 거뜬히 헤쳐 나갈 수 있을 거다!"

이제 키르케가 알려 준 두 번째 난관, 무시무시한 괴물 스킬라와 카립디스가 있는 곳을 지나야 했다. 우리 눈앞에 서서히 양쪽으로 마주 보고 서 있는 커다란 바위 절벽이 나타났다.

"모두 양쪽 절벽을 조심하라!"

왼쪽 바위 절벽엔 스킬라가, 오른쪽 바위 절벽 아래 바닷속엔 카립디스가 버티고 있었다. 두 번째 난관은 다른 방법이 없었다. 우리 스스로가 비장의 무기가 되어야만 했다.

두 번째 난관 왼쪽 스킬라와 오른쪽 카립디스

스킬라
허리 위부터는 여자 모습, 그 아래는 기다란 뱀의 몸 여섯 개에 개의 머리가 여섯 개 달린 괴물. 개들의 입에는 날카로운 이빨이 나 있고, 무엇이든 닥치는 대로 잡아먹는다.

카립디스
엄청나게 커다란 입을 가진 괴물. 하루에 바닷물을 세 번 마셨다 토한다. 바닷물을 토할 때는 소용돌이가 일어서 지나가는 배를 모조리 삼켜 버린다.

그런데 두 번째 난관은 스킬라와 카립디스만 피하면 되는 게 아니었다. 양쪽 바위 절벽이 파도가 칠 때마다 움직여서, 절벽 사이를 지나는 배들을 와장창 부숴 버렸다.

"소용돌이를 피해 왼쪽 절벽으로 배를 붙여라."

　우리는 가까스로 스킬라와 카립디스가 있는 절벽 사이를 빠져나왔다. 나는 안도의 한숨을 내쉬었다. 키르케가 미리 괴물들의 존재를 알려 주지 않았다면 지금처럼 살아남을 수 없었을 거다. 비참하게 스킬라의 먹이가 된 여섯 명의 부하를 생각하면 가슴이 미어졌다. 진즉부터 사람들 말에 귀를 기울이고 경솔하게 굴지 않았다면 좋았을걸. 후회가 물밀듯이 밀려왔지만, 이미 지난 일이었다. 우리 대신 목숨을 잃은 부하들을 위해서라도 반드시 고향으로 돌아가야 한다.

위험천만한 난관을 헤쳐 나오느라, 부하들에게는 노를 잡을 힘도 남아 있지 않았다. 오늘은 일단 돌아가며 쉬라고 했다. 이걸로 우리에게 닥칠 시련이 모두 지나간 거라면 좋겠지만 예언자 테이레시아스가 말하지 않았나. 우리의 뱃길이 무척 험난할 거라고.

하지만 고향 이타카로 돌아가는 길을 제대로 잡은 것 같다는 자신감이 생겼다.

'이제 태양신 헬리오스의 트리나키아섬만 피하면 된다.'

그런데 어디선가 포세이돈 신의 웃음소리가 들리는 듯해서 소름이 쫙 끼쳤다.

훗훗! 이게 끝? 끝나야 끝난 거다!

7. 태양신 헬리오스와 님프 칼립소

✒ 항해 680일째, 이젠 신들을 원망할 수도 없었다

　우리는 키르케가 마련해 준 음식을 먹고 마시며 항해를 계속했다. 그러던 중, 눈앞에 섬 하나가 나타났다.
"대장, 저 섬에서 쉬었다 가죠!"
"안 된다!"
　올 것이 왔다는 생각을 지울 수가 없었다. 테이레시아스의 예언과 딱 맞아떨어졌기 때문이었다.
"이번 섬은 그냥 지나간다!"
"대장, 농담하는 거죠? 섬에서 잠시만 쉬었다 가자고요!"

부하들의 불만이 하늘을 찔렀다.

"저 섬은 예언자 테이레시아스가 말했던 섬이다. 그러니 가지 않는 게 좋겠다."

"그럼 약속할게요. 소는 절대 안 건드린다고요!"

나도 몹시 지쳐 있었기에 부하들의 말에 마음이 흔들렸다.

'섬에 올라가서 소만 안 잡아먹으면 되잖아. 부하들이 이렇게나 바라는데 별일 없겠지.'

나는 못 이기는 척 부하들의 소원을 들어주기로 했다. 그리고 거듭 당부했다.

트리나키아섬에 오른 지 이틀이 지났다. 쉴 만큼 쉬고 다시 출항하려는데 동풍이 불었다. 서풍이 불어야 이타카섬 쪽으로 갈 수 있는데 난감했다. 며칠 동안 동풍이 이어지더니 이제 아예 폭풍우로 바뀌어 휘몰아치지 뭔가. 우리는 기를 쓰고 배를 끌어 모래밭에 올려다 놓고는 폭풍우가 멈추기를 기다렸다.

그런데 도대체 어떻게 된 폭풍우가 한 달 동안 계속되는 건지. 식량을 아끼고 아껴 먹기는 했지만 바닥을 드러내기 시작했다. 우리는 어쩌다 폭풍우가 잠잠해지면 물고기나 바닷새를 잡아서 하루하루를 버텼다. 나도 부하들도 점점 지쳐 갔다. 이대로라면 얼마 버티지 못할 것 같았다.

나는 폭풍우를 뚫고 산꼭대기로 올라가서는 바다가 잠잠해지게 해 달라고 기도드렸다. 염치없지만 아직 트로이 전쟁의 영웅 나, 오디세우스를 아끼시는 신이 한 분쯤은 남아 있겠지 하면서.

"신이시여! 폭풍우를 거두어 주세요. 서풍이 불게 해서 부하들과 무사히 고향으로 돌아가게 해 주세요!"

오랫동안 폭풍우에 시달려서인지 아니면 먹을 걸 제대로 못 먹어서인지 기도를 마치고 나자, 자꾸만 잠이 왔다. 그래서 돌아오는 길에 나무 아래서 잠시 잠을 청했다. 얼마나 잤을까. 폭풍우가 잠잠해져 있었다.

　고기 맛을 들인 부하들은 아무도 내 말을 듣지 않았다. 부하들은 6일 밤낮으로 그렇게 먹었다. 7일째 되던 날, 부하 하나가 당당하게 말했다.

　"대장, 봐요! 아무 일도 없잖아요. 대장만 겁먹었던 거라고요. 엉터리 예언자 테이레시아스 말을 믿다니요."

내 기도 덕분인지 드디어 바다가 잠잠해지자, 남은 길은 한 가지뿐. 태양신 헬리오스의 분노를 피해서 될 수 있는 한 빨리 달아날 수밖에. 부하들이 미웠지만 어쩔 수 없지 않은가.

"돛을 올려라! 모두 노를 저어라!"

그런데 트리나키아섬이 눈에 보이지 않을 만큼 먼바다로 나갔을 때쯤, 갑자기 또다시 비구름이 몰려오기 시작했다. 순식간에 하늘이 검게 바뀌었고 집채만 한 파도가 배를 덮쳤다. 돛이 찢어지고 돛대가 부러졌다. 부하들이 잘못했다고 울부짖었지만 소용없었다.

사나운 파도가 부하들을 휩쓸고 지나갔다.

잠시 뒤, 번개가 하늘을 가른 것과 동시에 배를 두 동강 내 버렸고, 세찬 돌풍이 부서진 배를 괴물 스킬라와 카립디스가 있는 바위 절벽 쪽으로 몰고 갔다. 나는 부서진 배에 매달려 있다가 떠밀려서 절벽에 자란 나뭇가지를 가까스로 붙잡았고, 두 동강 난 배는 소용돌이에 휘말려 카립디스의 커다란 입으로 들어가고 말았다.

나는 나뭇가지를 붙들고 이를 악물며 버텼지만 그만 힘이 빠져 바다로 떨어졌고, 물에 떠다니는 나무판자 하나를 겨우 붙잡았다. 그렇게 부하들을 모두 잃고 꼬박 9일 동안 바다 위를 떠다녔다. 이젠 신들을 원망할 수도 없었다. 페넬로페와 텔레마코스 생각뿐이었다.

🪶 **항해 110일째, 눈에 보이는 거라고는 오로지 바닷새와 파도뿐**

얼마 동안 바다 위를 떠돌았을까? 나는 어느샌가 이름 모를 바닷가에 쓰러져 있었다. 그런 나를 구해 준 건 이 섬의 주인 님프 칼립소였다.

나는 칼립소가 정성껏 돌봐 준 덕분에 기운을 차리고, 부하들을 모두 잃고 말았다는 죄책감에서도 벗어나기 시작했다.
"늠름한 오디세우스 님, 당신의 모험담을 들려주세요!"

칼립소는 내 곁에서 날마다 즐거운 듯이 종알거렸다. 나에 대한 칼립소의 사랑은 날이 갈수록 깊어졌지만, 나는 부담스럽기만 했다. 예전 같았으면 '아, 이놈의 인기!' 하고 우쭐할 터였지만, 지금은 한시라도 빨리 고향으로 돌아갈 생각뿐.

하지만 주위를 아무리 둘러봐도 오기기아섬을 떠날 방법이 없었다. 혹시 지나가는 배라도 있을까 봐 날마다 바다를 바라보았지만 소용없었다. 오기기아섬이 세상의 서쪽 끝에 있다더니, 너무나 외딴섬이라 눈에 보이는 거라고는 오로지 바닷새와 파도뿐이었다.

그런 내 생각을 알아챈 칼립소는 화를 냈다.

"이렇게 평화로운 곳이 왜 싫은 거죠? 오디세우스 님이 바라는 건 모두 가질 수 있는데도요. 바다로 나가면 빠져 죽을지도 모르잖아요."

🪶 항해 3368일째, 오기기아섬에 머문 지 벌써 7년

오기기아섬에 머문 지 벌써 7년이 되었다. 칼립소는 여전히 나를 포기하지 못했다.

"나와 함께 여기서 행복하게 살아요. 당신에게 영원한 생명을 줄게요."

"칼립소, 당신은 참 고마운 사람이에요. 하지만 나는 고향으로 돌아가 아내와 아들과 함께 살다가 늙어 죽고 싶군요."

허허, 나 오디세우스 이제야 철든 건가. 칼립소에게 이런 명언을 남기다니.

그러던 어느 날, 칼립소가 슬픈 표정으로 다가와 말을 걸었다.

"오디세우스 님, 아직도 고향에 돌아가고 싶은가요? 그럼 내가 도와줄게요. 나는 당신과 영원히 함께하고 싶은데 신들이 당신을 고향 이타카로 돌려보내래요. 신들의 명령이니 거역할 수도 없잖아요."

"신들의 명령이라니? 그게 무슨 말인가요?"

내 마음을 7년 동안이나 알고 있으면서 갑자기 마음을 바꾼 이유를 알 수가 없었다. 게다가 신들이라니?

"이왕 보내기로 마음먹었으니 당신을 도울게요."

나는 칼립소에게 진심이 담긴 인사를 했다.

"칼립소, 당신의 아름다움과 착한 마음씨는 결코 잊지 못할 거요. 이제 어떻게 하면 내가 고향으로 돌아갈 수 있을까요?"

"연장과 나무를 마련해 드릴게요. 뗏목을 만드세요. 순풍도 불게 해 드리죠. 고향까지 무사히 갈 수 있을 거예요."

하루 사이에 칼립소의 마음이 바뀔까 봐 두려웠다. 하지만 내 생각이 틀렸다. 아침이 되자마자 칼립소는 뗏목을 만들 연장을 가지고 왔다. 그러더니 뗏목을 만들기 좋은 나무가 있는 곳으로 나를 데려갔다. 방법을 알고 있으면서도 왜 알려 주지 않은 건지 내심 괘씸한 생각이 들었지만 재빨리 접었다.

'칼립소에게 괘씸한 생각이 들다니! 오디세우스, 아직 철이 덜 든 거 아냐?'

나는 나무를 열심히 잘라 뗏목을 만들기 시작했다. 오래간만에 힘을 쓰려니 몸이 말을 듣지 않았지만 이 뗏목으로 고향에 갈 수 있다고 생각하니 힘이 절로 솟았다.

"물과 포도주, 식량을 가져가세요. 험한 뱃길을 견딜 수 있을 거예요. 모두 제 마음이에요. 부디 저를 잊지 마세요."

뗏목이 만들어지자, 칼립소는 정성이 가득 담긴 물건을 건네며 눈물을 흘렸다. 나도 칼립소에게 손을 흔들어 마지막 인사를 하고, 7년이 넘게 머물던 오기기아섬을 떠나 동쪽으로 출발했다. 바다가 길이라도 열어 주듯 뗏목은 스르르 바다 위를 미끄러지며 나아갔다. 아, 나 오디세우스는 목이 메어 뜨거운 눈물이 흘렀다.

항해 3375일째, 이대로 죽지 않을 거다!

칼립소의 도움으로 얼마 동안은 항해하기 좋은 날씨와 순풍이 불었다. 나는 칼립소가 가르쳐 준 대로 큰곰자리를 왼쪽에 두고 항해를 계속했다. 모든 게 순조로웠다.

멀리 왠지 낯익어 보이는 섬 그림자가 희미하게 보일 즈음, 갑자기 검은 구름이 하늘을 덮고 거센 바람이 사방에서 불기 시작했다. 신들이 나서서 나를 돕고 있다는 것을 바다의 신 포세이돈이 알아챈 것 같았다. 포세이돈 신은 아직 나를 용서할 생각이 없는 게 분명했다.

내가 탄 작고 약한 뗏목이 폭풍우를 이겨 낼 턱이 없었다. 얼마 지나지 않아 돛대가 부러지고 순식간에 뗏목이 박살 났다. 그 바람에 나는 바다로 내동댕이쳐지고 말았다.

집채만 한 파도가 나를 덮쳤고, 나는 뗏목 잔해를 붙잡은 채 폭풍우에 휩쓸렸다. 짜디짠 바닷물이 입 안으로 꿀꺽꿀꺽 밀려 들어 왔다.

"이대로 죽지 않을 거다! 여기까지 어떻게 왔는데. 고향으로 꼭 돌아갈 거라고!"

나는 악을 쓰며 버텼다.

나는 레우코테아가 말하는 방향으로 헤엄쳐 갔고, 바닷가에 이르자 정신을 잃고 말았다.

8. 파이아케스족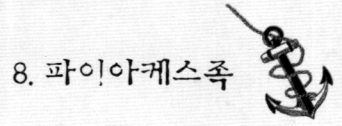

🖋 항해 3380일째, 부디 파이아케스 사람들 도움을 받아……

바닷가에서 정신을 잃은 채 얼마나 쓰러져 있었을까? 어디선가 들려오는 여자들 웃음소리에 놀라서 정신을 차렸다.
"도대체 여긴 어디란 말인가?"
내게 닥친 불운 따위 문제도 아니라고 큰소리치던 때가 있었다. 하지만 자만심과 경솔함 때문에 부하들을 모두 잃었다. 그리고 아직도 고향으로 돌아가지 못하고 이렇게 또다시 낯선 바닷가에……. 이제 폭풍우 속에서 목숨을 건졌다고 좋아할 나, 오디세우스가 아니다. 혹시 또 어떤 어려움이 도사리고 있을지 모를 일이지 않은가.

　나는 수풀을 헤치고 웃음소리가 나는 쪽으로 다가갔다. 모래밭에서 놀고 있던 여자들이 갑자기 거지꼴을 한 내가 나타나자 "꺅!" 하고 소리를 질렀다.

　그러자 한 여자가 나를 침착하게 바라보더니 말했다.
　"이곳은 스케리아섬이고, 저는 이 섬의 왕 알키노오스의 딸 나우시카아예요. 차림새는 허름해 보이지만 보통 사람 같아 보이지는 않네요. 무슨 사연으로 여기까지 왔는지 모르지만 당신을 도울게요."
　나우시카아 공주는 음식과 깨끗한 옷을 나에게 건넸다. 나는 허기진 배를 채우고, 옷을 갈아입고는 그제야 근사한 모습을 되찾았다.

"저희 궁전으로 가서 거기 머물며 기운을 회복하세요. 낯선 남자와 함께 돌아가면 아버지가 싫어하실지 모르니까 숲속에 있는 아테나 신전에서 잠깐 머물다 따라오세요. 저희 파이아케스 사람들은 이방인에게 무척 친절하니까, 누구든 처음 만나는 사람에게 궁전으로 가는 길을 물어보면 가르쳐 줄 거예요."

나우시카아 공주는 아테나 신전까지 안내했고, 나는 신전에 들른 김에 간절히 기도를 드렸다.

"아테나 여신이여! 부디 파이아케스 사람들의 도움을 받아 이번에는 반드시 고향으로 돌아가게 해 주십시오!"

기도를 마친 뒤, 숲을 빠져나와 마을 어귀에 다다랐는데, 물동이를 든 여인이 친절하게 궁전으로 가는 길을 가르쳐 주었다.

"궁전에 가면 왕비님께 잘 보이세요. 왕비님의 마음에 들면 고향에 돌아갈 수 있을 거예요."

궁전이 있다는 쪽을 힐끔 보고 고맙다는 인사를 하려는데, 물동이를 든 여인은 금세 사라지고 없었다.

'앗, 혹시 아테나 여신이 아닐까? 내가 고향으로 돌아가야 한다는 말도 하지 않았는데 알고 있잖아. 내 기도를 들어주려고 나를 도와주신 게…….'

알키노오스의 궁전은 매우 화려하고 아름다웠다.

🪶 항해 3390일째, 나 오디세우스 때문에 눈물 흘리다

친절한 왕비의 배려 덕분에 며칠 동안 편히 쉴 수 있었다. 이름조차 밝히지 않았는데도 내가 마음에 들었나 보다. 하하하! 나, 오디세우스의 품위가 어딜 갔겠나.

알키노오스 왕과 왕비는 내가 떠날 수 있도록 튼튼한 배와 충분한 물과 식량을 준비해 주었다. 그러고는 떠나기 전날 행운을 비는 의미에서 연회도 열어 주었다.

"손님, 떠나기 전에 많이 드시지요."

아, 무척이나 고마워서 내가 트로이 전쟁의 영웅 오디세우스란 말이 목구멍까지 올라왔지만 꾹 참았다.

'다시는 경솔하게 굴어서 안 돼!'

"제가 멀리서 오신 손님을 위해 시를 읊어 드리겠습니다."

연회가 한창 무르익자, 눈먼 음유 시인 데모도코스가 리라를 연주하면서 시를 읊기 시작했다.

그런데 가만, 데모도코스가 읊는 시가 트로이 전쟁의 영웅에 대한 노래가 아닌가. 내가 떠도는 사이에 트로이 전쟁 이야기가 사람들 사이에서 사랑받고 있었다니! 나와 함께 목숨을 걸고 싸웠던 영웅들 모습이 주마등처럼 스쳐 가 나도 모르게 울컥했다.

그러다 나, 오디세우스가 목마를 이용해 트로이성을 빼앗는 내용에서는 끝내 주르륵 눈물을 흘리고 말았다.

나는 밤새 트로이 전쟁이 끝난 뒤에 내가 겪은 모험담을 사람들에게 들려주었다. 사람들은 내 꾀와 용기에 감탄하기도, 또 부하들을 잃은 대목에서는 함께 눈물을 흘리기도 했다.

날이 밝자, 내가 타고 떠날 배로 파이아케스 사람들이 금술잔, 은그릇 그리고 훌륭한 옷가지 등 값진 선물을 가지고 왔다. 정말 친절한 파이아케스 사람들이었다.

알키노오스 왕이 나에게 안심하라는 듯이 말했다.

"항해는 뱃사람들에게 맡기고 오디세우스 님은 편하게 쉬도록 하세요. 우리 파이아케스 장인들이 만든 배는 아주 튼튼하고 바람처럼 빠르니 한숨 자고 깨어나면 고향 이타카에 다다라 있을 겁니다. 배가 아주 빨라서 포세이돈 신도 알아채지 못할 거고요."

나는 파이아케스 사람들의 배웅을 받으며 스케리아섬을 떠났다. 그러고는 설레는 마음에 깜빡 잠이 들었는데, 길고 편안한 잠에서 깨어났을 때는 어느새 바닷가였다. 파이아케스 뱃사람들이 잠든 나와 값진 선물을 바닷가에 내려놓은 뒤 조용히 돌아간 거였다. 나중에 안 사실인데 안타깝게도 이 뱃사람들을 포세이돈 신이 돌로 만들어 버렸다고 했다.

9. 드디어 고향 이타카!

🪶 **이타카 1일째, 페넬로페를 괴롭히는 불한당들**

 바닷가에서 깨어났을 때, 나는 그토록 그리워하던 고향 이타카를 알아보지도 못했다. 아주 오랜 시간이 지나서일까? 꾀주머니나, 오디세우스의 총기가 다된 걸까? 안개마저 자욱하게 끼어서 마치 꿈속을 헤매는 듯했다. 앞으로 어떻게 해야 할지 아무 생각이 떠오르지 않았다.
 문득 그동안 수많은 고난을 겪으며 내가 참 많이 변했다는 생각이 들었다. 예전 같으면 미리 생각해 보지도 않고 무조건 행동하거나 자만감에 들떠 주변을 들쑤시고 다녔을 거다.

자욱한 안개 속에서 넋을 놓고 앉아 있는데, 한 젊은이가 나타났다. 나는 조심스레 젊은이에게 말을 걸었다.

나는 가슴이 벅차올라 정신을 차릴 수 없었다. 마침내 고향 이타카에 도착한 거였다. 하지만 이타카를 떠나기 전 어린아이였던 젊은이가 이타카의 왕, 나 오디세우스를 어떻게 여길지 몰라 내 정체를 숨기고 거짓말을 했다.

"나는 크레타섬 사람입니다."

그러자 젊은이가 아테나 여신으로 변했다.

"오디세우스, 아직 네 꾀가 녹슬지 않았구나. 이타카 궁전은 페넬로페와 결혼하겠다는 구혼자들이 들끓고 있어 위험하니까 충직한 하인 에우마이오스를 먼저 찾아가거라. 위험이 사라지기 전까지는 에우마이오스에게도 정체를 드러내면 안 돼. 내가 네 아들 텔레마코스를 데려올 테니 아들과 구혼자들을 물리칠 좋은 기회를 만들렴."

"네, 여신님! 고맙습니다."

마음 같아서는 지금 당장 궁전으로 가서 페넬로페를 괴롭히는 불한당들을 쓸어버리고 싶었지만, 나는 아테나 여신의 말에 따르기로 했다.

부하들의 말을 듣지 않고 똥고집을 부렸던 일들이 떠올랐다.
'나 오디세우스, 이제부터는 몇 번이나 나를 도와주신 아테나 여신을 봐서라도 지나간 실수에서 뱀 같은 지혜를 얻을 테다.'
나는 거지로 변장하고는 궁전에서 조금 떨어진 에우마이오스의 오두막을 찾아갔다.

"이리저리 떠도는 늙은인데 하룻밤 신세 질 수 있을까요?"
에우마이오스는 나를 친절하게 집 안으로 들이고 돼지고기 요리를 내주었다. 나는 에우마이오스를 떠보듯 말을 건넸다.
"내가 지금은 행색이 볼품없지만, 한때 트로이 전쟁에도 나갔었다오."
"그래요? 제가 모시는 이타카의 왕도 트로이 전쟁에 나가셨지요. 그런데 여태껏 살아 계신지 돌아가셨는지 아직 소식이 없어요. 벌써 20년이 되었는데도요. 왕비님과 왕자님이 갖은 고통을 겪고 계신 걸 생각하면……."

🪶 이타카 9일째, 내 아들 텔레마코스가 분명해!

이타카로 돌아온 지 며칠이 지났다. 에우마이오스에게서 궁전 상황을 듣자 페넬로페가 가엾어 가슴이 새까맣게 타들어 갔지만, 텔레마코스가 와야 불한당들을 쓸어버릴 기회를 만들 수 있을 터. 복잡한 마음으로 아침을 먹기 위해 불을 지피고 있는데, 멀리서 누군가 걸어오는 게 보였다.

'저 젊은이는? 젊었을 때 나를 쏙 빼닮았잖아? 내 아들 텔레마코스가 분명해!'

당장이라도 텔레마코스를 껴안으며 아버지라고 말하고 싶었지만 에우마이오스가 자리를 비울 때까지 기다렸다.

"에우마이오스, 내가 왔소!"

"왕자님, 이제야 돌아오셨군요."

"궁전의 어머니는 어떠신가요?"

"여전하시지요. 구혼자들에게 둘러싸여 시달리고 계십니다. 요즘에는 왕비님 방까지 들어가 빨리 구혼자를 정하라고 협박을 일삼고 있습니다."

그 말을 듣고 텔레마코스가 한숨을 푹 내쉬더니, 나를 힐끔 보고 인사를 했다.

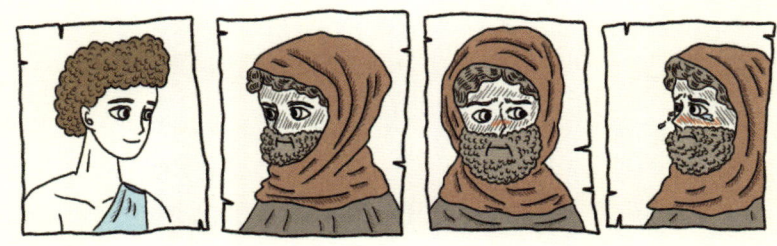

"저분은 누구신지?"

"얼마 전부터 머무르고 있는 손님입니다."

텔레마코스는 자기가 돌아왔다는 걸 페넬로페에게 알리라고 에우마이오스를 궁전으로 보냈다. 에우마이오스가 떠나자, 나는 그제야 텔레마코스에게 내 정체를 알렸다. 늠름하게 자란 아들 텔레마코스가 바로 내 눈앞에 있다니, 얼마나 꿈만 같았던지.

"아들아, 나는 이타카의 왕 오디세우스, 네 아버지다."
"뭐, 뭐라고요? 정말요? 아, 아버지, 아버지라고요?"
텔레마코스는 내 얼굴을 자세히 들여다보더니, 나를 금방 알아보았다. 우리는 서로 부둥켜안고 한참 동안 눈물을 흘렸다. 그렇게 기쁨의 눈물을 흘리던 나와 텔레마코스는 머리를 맞대고서 앞으로 어떻게 할지 계획을 세웠다.

나는 텔레마코스에게 궁전에 있는 구혼자들이 몇 명이나 되는지, 궁전에 어떤 무기가 있는지 살펴보라고 일렀다.
"너는 에우마이오스가 돌아오는 대로 먼저 궁전으로 돌아가거라. 나는 내일 거지 차림으로 궁전으로 갈 테니까, 내가 신호를 보낼 때까지 기다려라. 그리고 당분간 에우마이오스에게 내 정체는 비밀로 하자."

다음 날, 나는 계획한 대로 에우마이오스와 궁전으로 들어갔다. 구혼자들이 궁전 안에서 연회를 열고 있었다. 나는 구혼자들 사이를 돌면서 구걸을 하기 시작했다.

실컷 먹고 마신 구혼자들이 여느 때처럼 하나둘씩 집으로 돌아가자, 화로 옆 높은 의자에 앉아 있던 텔레마코스에게 신호를 보냈다. 나는 텔레마코스와 우리가 사용할 칼과 창 두 개만 남겨 두고 다른 무기들은 창고로 옮기고 문을 잠갔다.

연회장으로 돌아온 텔레마코스가 잠깐 자기 방으로 가자, 연회장을 치우러 들어온 시녀가 나를 보고는 크게 소리쳤다.
"아니, 이 거지가 왜 아직도 안 가고 여기 있는 거야!"
때마침 연회장으로 들어오던 페넬로페가 시녀에게 무슨 일이냐고 물었다. 아, 그토록 그리던 사랑하는 내 아내 페넬로페! 페넬로페는 여전히 눈부시게 아름다웠다. 아직 내 정체를 밝힐 때가 아니기에 페넬로페에게 거짓말을 둘러대야만 했다.

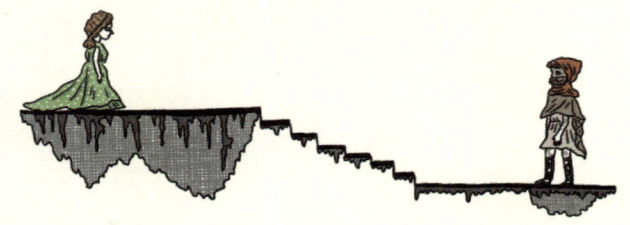

"저는 트로이 전쟁에는 참전하지 않았지만 오디세우스 왕을 만난 적이 있습니다. 왕은 살아 계십니다. 불운이 겹쳐서 오랫동안 바다를 헤맸지만 이타카로 돌아오고 있다는 소문을 들었습니다."
내가 하는 이야기를 듣고도 페넬로페는 슬픈 표정을 지었다. 너무나 많은 소문을 들어서 내 말도 믿지 않는 눈치였다.
"과연 남편을 만날 날이 오기라도 할까요?"

그러더니 마음씨 고운 페넬로페는 늙은 시녀 에우리클레이아에게 거지 차림의 내 발을 씻겨 주라고 일렀다. 에우리클레이아가 발을 씻기다 말고 흠칫 놀랐다. 그도 그럴 게 늙은 시녀는 다름 아닌 내 유모였으니까. 에우리클레이아가 나를 알아볼까 봐 어찌나 조마조마했던지. 그런데 다리의 흉터를 보고 내 정체를 알아채고 말았다.

이 흉터는 우리 오디세우스 왕께서 어렸을 때 사냥에 나갔다 멧돼지 엄니에 받혀서 난 흉터랑 똑같은디유. 혹시 오디세우스 왕······.

"쉿! 구혼자들을 모조리 쓸어버릴 때까지 모른 척해라!"

유모는 기쁨의 눈물을 흘리면서 고개를 끄덕였다. 백여 명에 이르는 구혼자를 없애려면 계획이 치밀해야 할 터. 나는 텔레마코스와 내일 벌어질 일을 꼼꼼하게 몇 번이고 되짚었다.

🖋 이타카 10일째, 결전의 날이 밝았다

밤이 지나고 결전의 날이 밝았다. 텔레마코스는 나를 데리고 연회장으로 들어갔다. 뒤이어 구혼자들이 오늘 어떤 일이 벌어질지도 모르고 시끄러운 거위 떼처럼 웃고 떠들며 궁전으로 몰려왔다.

바로 그때, 어수선한 연회장으로 페넬로페가 들어왔다.

"여러분이 나와 결혼하겠다고 이토록 우기시니 어쩔 수가 없군요. 오늘 구혼자를 정하겠습니다. 이건 오디세우스 왕의 활입니다. 여러분 가운데 이 활에 시위를 걸고 화살을 쏘아 열두 개의 도끼날에 있는 고리를 한 번에 통과시키는 분이 있다면 결혼하겠습니다."

페넬로페가 구혼자들을 훑어보며 단호하게 말했다.

나는 텔레마코스와 눈빛을 교환하며 회심의 미소를 지었다. 활쏘기 시합은 텔레마코스가 어젯밤 자기 의견인 것처럼 페넬로페에게 전한 거였다.

"제가 먼저 활에 시위를 걸어 보겠습니다."

텔레마코스가 가장 먼저 나서서 활에 시위를 걸어 보려 했지만 포기하고 말았다. 구혼자들은 시위조차 걸지 못한 텔레마코스를 비웃었다.

그러고는 몇몇 구혼자들이 자신 있다고 호기롭게 큰소리치며 나섰지만 시위도 걸어 보지 못한 채 번번이 실패하였다. 어쩌다 시위를 건 사람이 있다 해도 활을 당기는 데는 실패!

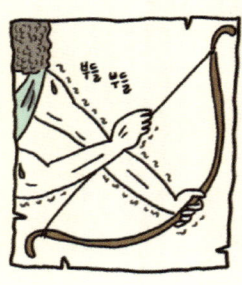  

시합이 계속되는 동안 나는 구석진 곳에 있는 에우마이오스에게 다가가 조용히 말을 걸었다.

"내가 바로 이타카의 왕 오디세우스다."

"궁전에 들어오더니 머리가 어떻게 된 거 아니오?"

나는 그제야 옷자락을 걷어 다리에 난 흉터를 보여 주었다. 에우마이오스는 흉터를 알아보고 기뻐하며 조용히 흐느꼈다.

나는 에우마이오스를 다독이며 일렀다.

"구혼자들이 궁전에서 빠져나가지 못하도록 문을 죄다 잠그도록 해라."

나는 다시 시합이 벌어지고 있는 곳으로 돌아가 진땀을 빼고 있는 구혼자들 앞에 나섰다.

"나에게도 활쏘기 시합에 참가할 기회를 주시오."

"주제도 모르고! 거지인 네가 성공하면 왕비와 결혼이라도 하려고?"

구혼자들이 화를 내며 소리를 치자, 텔레마코스가 나섰다.

내 활을 받아 드니까 예전에 느꼈던 감촉이 고스란히 전해졌다. 나는 활에 시위를 가뿐히 걸었다. 그리고 활시위에 화살을 걸어 천천히 당겼다. 화살이 허공을 뚫고 순식간에 날아가 열두 개의 도끼날에 있는 고리를 차례로 통과했다. 구혼자들은 놀라서 입이 떡 벌어졌다.

"이 어리석은 자들아, 그래 내가 이타카의 왕 오디세우스다!"
나는 텔레마코스와 계획대로 착착 움직였다. 그러고는 불한당들을 깔끔하게 쓸어버렸다.

페넬로페는 자기 눈앞에 서 있는 나를 보고도 내가 돌아온 걸 믿으려 하지 않았다.

"우리가 함께 눕던 침대의 비밀을 말하면 나를 믿겠소? 올리브나무 네 그루를 그대로 둔 채 줄기만 잘라 밑동으로 만든 침대잖소. 올리브나무 침대는 땅에 뿌리를 내리고 있어 누구도 옮길 수 없다는 걸 우리만 알고 있을 텐데."

"아아, 내 남편 오디세우스!"

페넬로페는 뜨거운 눈물을 흘리며 내 품에 안겼다. 아, 불쌍한 페넬로페! 그동안 얼마나 많은 사람이 속이고 괴롭혔으면.

아버지 없이도 훌륭하게 자란 텔레마코스도 뛰어와서 나와 페넬로페를 안았다. 가족을 만나기까지 20년이라는 긴 시간이 걸렸다. 오늘처럼 기쁜 날이 없을 것이다. 그리고 앞으로 가족과 절대 헤어질 일도 없을 테고.

{ 에필로그 }

내 후손들에게

어때? 내 모험 일지는 잘 읽어 보았니? 몇 마디만 덧붙일게.

나, 이타카의 왕 오디세우스는 이렇게 해서 모험을 끝내고 20년 만에 고향으로 돌아왔다. 트로이 전쟁에서 승리한 것보다 고향으로 돌아와 가족을 만난 것이 더더욱 기뻤다.

이 모든 게 바다의 신 포세이돈의 눈을 피해 나를 도와주신 신들 덕분이었다. 나는 신들께 제물을 바치고 마음 깊이 감사 인사를 올렸다. 내가 고난에 처했을 때마다 도와주신 아테나 여신, 그리고 나중에라도 나를 용서하시고 도와주신 제우스 신과 헤르메스 신께는 정말 뭐라고 해야 할지 모를 정도로 고마운 마음이었다. 또 함께 트로이 전쟁을 승리로 이끌었지만 내 불운과 자만심, 경솔함 때문에 고향으로 돌아오지 못하고 바다에서 죽어 간 부하들도 기억하리라.

이제야 진정 철이 드는 기분이다. 전쟁에서 승리했다고 오만하지만 않았어도 그토록 오랫동안 바다를 헤매지 않았을 테고, 부하들을 잃지도 않았을 텐데. 그리고 페넬로페와 텔레마코스도 구혼자들에 둘러싸여 고통을 받지 않았을 테고.

나에게 화가 난 포세이돈 신의 마음도 지금은 이해할 것 같다. 처음에는 원망스럽기도 했지만 모든 일의 시작은 내 탓이었다. 부디 포세이돈 신도 분노를 푸시기를 바랄 뿐이다.

내 모험 일지를 읽은 너희라면 사람을 진심으로 대하고, 재주와 능력이 뛰어나더라도 오만하고 경솔하게 굴지 않기를 바란다.

  너희의 영원한 영웅 오디세우스가

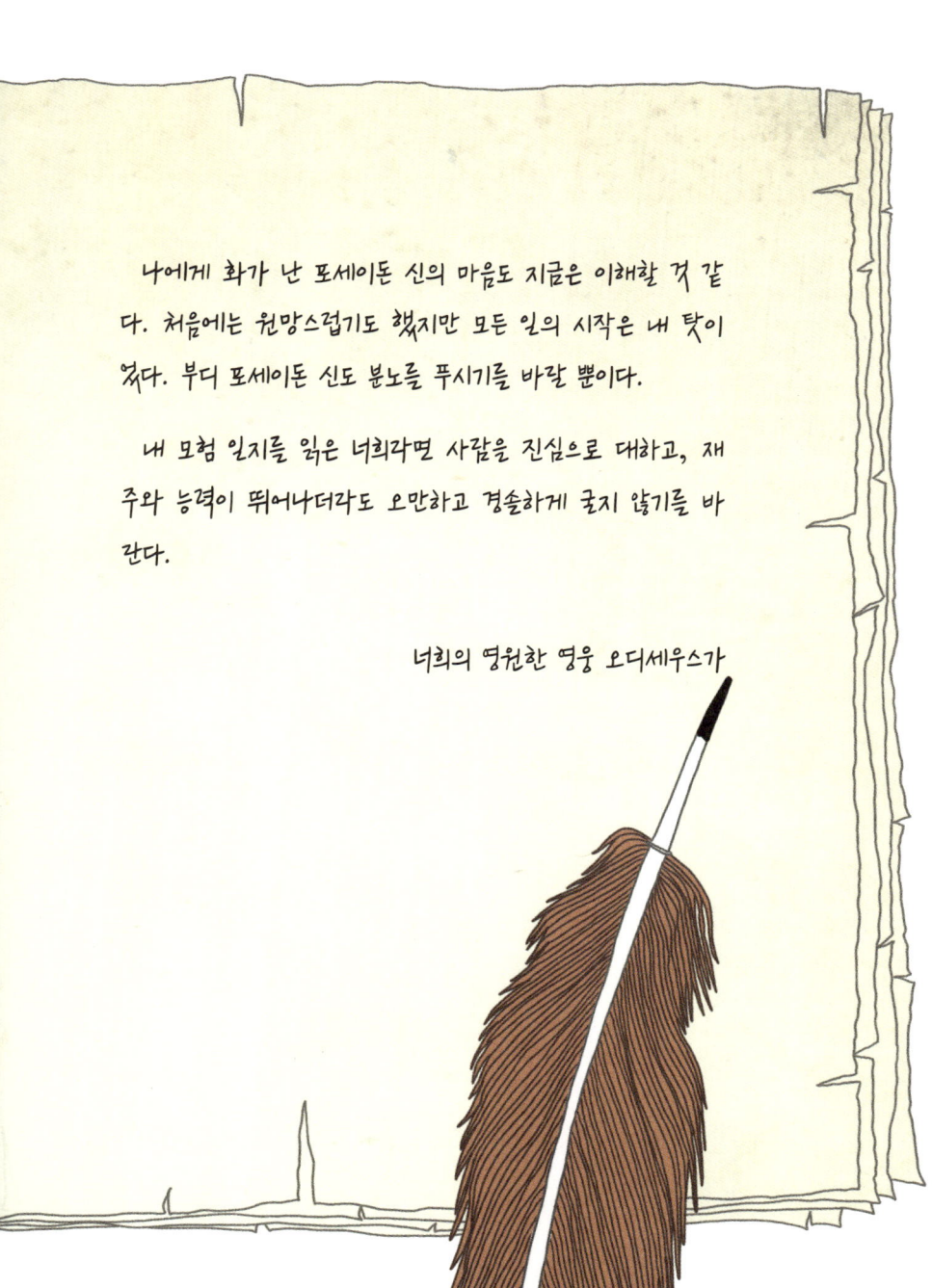

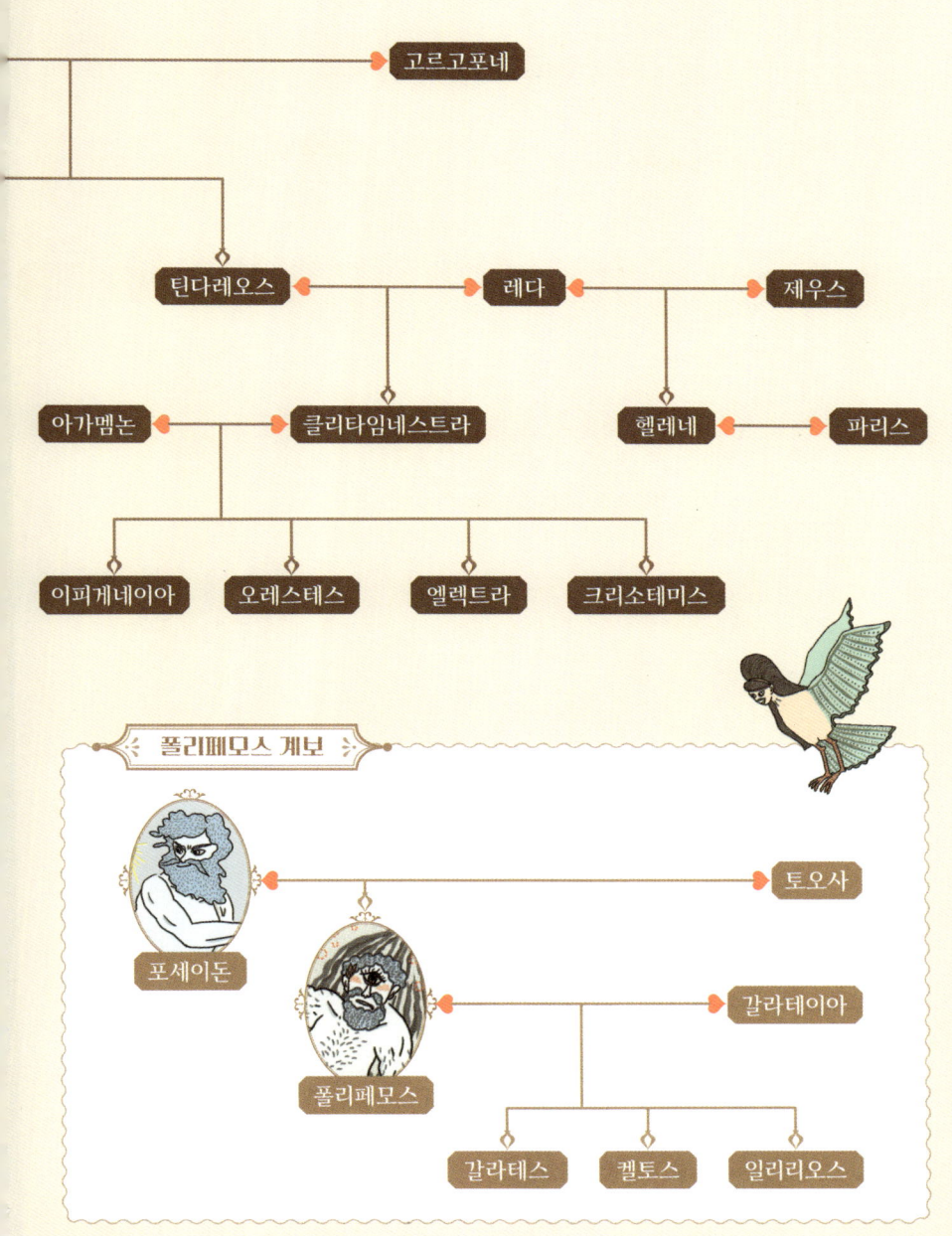

글 김영주

생물학을 공부하고 박사 학위를 받았습니다. 대학에서 학생들을 가르쳤으며 지금은 어린이, 청소년 책 집필에 매진하고 있습니다.「하얀 쥐 이야기」로 MBC 창작동화 대상을 받았습니다. 쓴 책으로는 『고추 떨어질라』, 『임욱이 선생 승천 대작전』, 『엄마 이름은 T-165』, 『조광조와 나뭇잎 글씨』, 『Z캠프』, 『30킬로미터』, 『뼈 없는 동물 이야기』, 『뼈 있는 동물 이야기』, 『어린 과학자를 위한 피 이야기』, 『누가 누가 대장일까?』, 『누가 누가 범인일까?』, 『대장이 위험해!』 등이 있습니다.

그림 허현경

고양이 쥰과 살고 있습니다. 그림이 좋아서 일러스트레이터로 활동하며 어린이책과 잡지에 다양한 그림을 그리고 있습니다. 그린 책으로는 『명절 속에 숨은 우리 과학』, 『야옹 의사의 몸 튼튼 비법 노트』, 『더 좋은 세상을 만든 착한 발명』, 『오늘부터 공부 파업』 등이 있습니다.

감수 김길수

건국대학교 철학과를 졸업하고, 같은 학교 대학원에서 박사 학위를 받았습니다. 현재 건국대학교 문과대학 교수로 학생들을 가르치고 있습니다. 'EBS 지식의 기쁨' 프로그램의 '상징으로 보는 그리스 로마 신화' 강의를 했고, 쓴 책으로는 『다시 쓰는 그리스 신화』 등이 있습니다.